國家圖書館出版品預行編目資料

公主的一天／段張取藝工作室 著/繪.－－初版三刷.
－－臺北市：三民，2024
面；　公分.－－（古代人的一天）

ISBN 978-957-14-7028-3 （平裝）
1. 中國史 2. 貴族 3. 通俗史話

610.9　　　　　　　　　　　　　109018389

≈ 古代人的一天 ≈

公主的一天

作　　者	段張取藝工作室
繪　　者	段張取藝工作室

創 辦 人	劉振強
發 行 人	劉仲傑
出 版 者	三民書局股份有限公司 (成立於 1953 年)

三民網路書店
https://www.sanmin.com.tw

地　　址	臺北市復興北路 386 號　　（復北門市）　(02)2500－6600
	臺北市重慶南路一段 61 號（重南門市）　(02)2361－7511
出版日期	初版一刷 2021 年 1 月
	初版三刷 2024 年 8 月
書籍編號	S630590
I S B N	978-957-14-7028-3

© 段張取藝 2020
本書中文繁體版由湖南段張取藝文化傳媒有限公司
通過中信出版集團股份有限公司授權三民書局
在中國大陸以外之全球地區 （包含香港、澳門）獨家出版發行。
ALL RIGHTS RESERVED

圖書許可發行核准字號：文化部部版臺陸字第 109030 號

三民書局

前言

　　一天，對於今天的我們，可以足不出戶，也可以遠行萬里；可以柴米油鹽，也可以通過網路了解全世界。那麼，一個有趣的想法冒了出來：古代人的每一天會怎麼過？我們對古代人的了解都是透過史書上的一段段文字和故事，從沒有想到他們的一天會是什麼樣子。他們是不是也和我們一樣，早上起來洗臉刷牙，一日吃三餐；晚上，他們會有什麼娛樂活動呢？基於這樣的好奇心驅使，我們開始進行創作，想把古代人一天的生活場景展現在讀者面前。

　　我們進行「古代人的一天」系列書的創作時，以古代人的身分（或職業）來進行分類，有皇帝、公主、文臣、武將、俠客、畫家、醫生、詩人等等。每種身分（或職業）有著不一樣的生活、工作。比如，皇帝早上究竟幾點鐘起床？起床後他會先工作還是先吃飯？他一天要做哪些工作？他的娛樂生活是什麼？公主的早上需要花多長時間梳妝打扮，她一天的生活與現代女性的有什麼不同？她會花時間讀書寫字嗎？她是練習琴棋書畫，還是忙著參與朝政？俠客為什麼要行刺？行刺前會制訂計劃嗎？如何選擇行刺時機和地點？他的一天究竟是怎樣度過的？

　　然而，古代人的一天是無法回溯的，古人對時間的感受也和我們不一樣，為了幫助讀者更容易理解古代人的一天是如何度過的，我們在豐富的歷史資料的基礎之上，架構了古代人的一天。

　　我們在創作中精細地設計了時間線。書中的「一天」是故事從開始到結束整個過程的所有時間，不是嚴格的從 0 點至 24 點完整的 24 小時的自然時間，書中貫穿每個人物一天生活和工作的時間線，也不是按照等分來規定每個小時的長度，時間線的創意設計是為了幫助讀者更容易了解故事發展脈絡。

　　在《公主的一天》中，我們根據六位主人公（其中王昭君雖然不是公主，但她承擔的責任、帶來的貢獻和歷史上的和親公主一樣，她的故事更是廣為流傳，所以我們選擇了她）的故事創作了幾種不同情境，依託各種資料試圖還原出公主一天的生活，閱讀本書，讓讀者了解到公主雖然是含著金湯匙出生，集萬千寵愛於一身，但公主的身分意味著她要承擔比普通人更多的政治責任，在朝代更迭時，有的皇家公主的境遇還不如平民百姓。我們想透過公主的一天來折射出歷史的發展、王朝的興衰，讓讀者們看到一個更為真實、有細節的公主，了解公主不一樣的一面，體會到更為有趣、豐富的古代人一天的生活。

　　在創作《公主的一天》的具體內容時，需要對一些歷史事件進行濃縮，使一天的內容更為緊湊、豐富，我們借鑑了郭沫若先生在創作《屈原》以及《蔡文姬》的故事時所採用的手法，把精彩的故事濃縮在一天來表現，這也是為了讓讀者更深入地理解歷史。

　　希望我們的努力能讓「古代人的一天」成為讀者喜歡的書，能夠讓讀者從一個新的視角去看待中國歷史，從而喜歡上中國歷史故事。

張卓明

2019 年 8 月

目 錄

　　公主雖然出身高貴，錦衣玉食，人人羨慕。但公主的生活並非只有這光鮮的一面，有時她們的生活並不能事事如意，往往受政治的影響而身不由己。

　　古代公主中傑出的人物也不少，她們的故事究竟是怎樣的，讓我們一起來看看公主們的一天吧。

文成公主

吐蕃真是個美麗的地方。

文成公主的一天

太平公主

我或許可以成為大唐第二個女皇。

太平公主的一天

長平公主

我平生最後悔的是生在了帝王家。

長平公主的一天

古代計時方式

世界各地的公主

番外篇 公主是如何打扮的

解憂公主的一天

解憂公主，是中國歷史上貢獻很大的和親公主之一。漢武帝時，漢朝為了對付匈奴，開始積極聯合西域其他的國家，解憂公主奉命與西域的烏孫國和親。西元前 53 年，她與烏孫國王泥靡關係十分緊張。

> 泥靡的行為不得人心，很容易除掉他。

> 我們好好計劃一下！

解憂公主　　魏和意

任昌

烏孫國都城赤谷城

申初 (15:00)
國王泥靡有點狂

泥靡和解憂公主感情破裂，而自己又行為暴虐，失去民心，他的母親是匈奴人，所以他心理上又親近匈奴，漢朝與烏孫國的關係到了崩潰的邊緣。解憂公主與來烏孫國的漢朝使節魏和意一起定下計謀，準備在宴會上殺掉泥靡。

泥靡

《 烏孫的收繼婚制 》

烏孫國有一個習俗，新的國王在繼承王位後，會繼娶前一任國王的妻妾（他的生母除外）。比如，解憂公主嫁給了烏孫國王軍須靡，軍須靡死後，她又必須嫁給下一任國王，也就是軍須靡的弟弟翁歸靡。翁歸靡死後，解憂公主又必須嫁給再下一任國王，也就是她的第一任丈夫軍須靡的兒子泥靡。這樣的風俗讓在中原文化薰陶下長大的解憂公主難以接受，但她最終遵從了烏孫習俗。

酉初三刻 (17:45)
「鴻門宴」

酒宴上，解憂公主、魏和意安排的武士拔劍直劈泥靡的頭顱，泥靡把頭一偏，被砍傷後逃走了，引發了烏孫國內亂。

《 泥靡 》

烏孫國王軍須靡的兒子，號狂王。解憂公主的第三任丈夫。他的母親是匈奴人。

戌正一刻 (20:15)
危機重重

解憂公主被泥靡與匈奴妻子所生的兒子細沈瘦帶兵圍攻於赤谷城，漢朝的西域都護鄭吉率軍趕到救了她。

《 西域都護 》

官名。漢宣帝時開始設置，西元前60年，漢宣帝任命鄭吉為「都護西域騎都尉」，在烏壘城設置都護府，監護西域三十六國。

亥正二刻 (22:30)
螳螂捕蟬，黃雀在後

泥靡僥倖逃走後卻被翁歸靡的兒子烏就屠率領的叛軍殺死。烏就屠自立為王，烏孫國親匈奴派的勢力全部歸附烏就屠，欲奪取烏孫王位。

《 烏就屠 》

烏就屠是解憂公主第二任丈夫翁歸靡和匈奴女子所生的兒子。

這個王位現在是我的了！

烏就屠

子初三刻 (23:45)
形勢再次發生變化

漢宣帝派軍隊駐紮在敦煌，一旦烏孫局勢發生變動，即刻出兵幫助烏孫國平亂。解憂公主擔心漢朝與烏孫國多年來和平共處的局面會毀於一旦。

《 搖擺不定的烏孫國 》

漢朝與匈奴都對烏孫國施加影響。烏孫國王軍須靡、翁歸靡、泥靡的左夫人是匈奴女子，右夫人則是漢朝解憂公主。在烏孫國，左夫人的地位要高於右夫人的。

哪邊都不能得罪啊……

左夫人　　烏孫國王　　右夫人

次日｜丑初 (1:00)
幸虧有馮嫽

解憂公主想到了她的侍女馮嫽，馮嫽的丈夫是烏孫國右大將，他與烏就屠是好朋友。解憂公主請馮嫽前去勸降烏就屠。

馮嫽

中國歷史上的女外交家。她是解憂公主的侍女，受過教育，能撰寫文書，曾經數次出使西域各國。那些國家對她非常心悅誠服，尊稱她為「馮夫人」。

漢節

漢朝使者所持的符節，持節的使者代表皇帝。

寅初三刻 (3:45)
馮嫽有智謀

馮嫽見到烏就屠後，對他動之以情、曉之以理，剖析其中的利害關係，並以漢朝強大的軍事力量為後盾向烏就屠施加壓力。

馮夫人說得十分有理！

烏就屠

馮嫽

卯正二刻 (6:30)
風波終於平息

經過長談，馮嫽終於說服了烏就屠。後來，烏孫國一分為二，解憂公主長子元貴靡成為烏孫國大國王，烏就屠成為烏孫國小國王。漢宣帝令馮嫽作為皇帝的使臣，持節對他們進行冊封。

至此，烏孫國政治風波終於平息。烏孫國與漢朝的結盟進一步加強。

小國王烏就屠

大國王元貴靡

解憂公主後來的故事

西元前 51 年，解憂公主的兩個兒子相繼病故，她的孫子星靡繼任為大國王。這一年，解憂公主上書漢宣帝，表示「年老土思，願得歸骸骨，葬漢地」。情詞哀切，皇帝被她感動，派人接回了解憂公主。兩年後，解憂公主在長安去世。

長安城

原來大漢是這個樣子呀。

終於回到家了！

可想死我了！

快看，那就是解憂公主。

後世評價

解憂公主在烏孫國生活了五十年，一直處在烏孫國親漢派和親匈奴派的政治鬥爭，以及險象環生的王位爭奪戰中。她意志堅定，克服重重險阻，最終成功地遏制了匈奴對烏孫國的控制，維護了漢朝與烏孫國的友好關係。

王昭君的一天

王昭君，名嬙，字昭君，西漢南郡秭歸（今湖北省宜昌市興山縣）人，與貂蟬、西施、楊玉環並稱中國古代四大美女。王昭君原是漢元帝時期的宮女，後嫁給匈奴單于呼韓邪，被封為寧胡閼氏（閼氏相當於王后）。

·辰正 (8:00)
化個美美的妝

王昭君在深宮待了幾年，聽聞單于請求賜婚的事之後，她想與其在深宮中老死，不如去草原體驗新的人生。如今得償所願，王昭君一大早開始梳妝打扮，準備啟程前往塞外。

媒人

中國古代，凡男女婚姻，講究「父母之命，媒妁之言」。媒人遂成為男女婚姻過程中必不可少的中間人。

·巳初 (9:00)
拜別漢朝帝后

盛裝打扮的王昭君向漢元帝辭行，漢元帝驚嘆於王昭君的美麗，沒有早點認識這個美人，心中不禁有一絲絲後悔。

呼韓邪單于　　媒人

呼韓邪單于

西漢後期匈奴的單于，西元前 58 年至西元前 31 年在位，名稽侯狦，是第一個來中原朝覲的匈奴單于。

王昭君

巳初二刻 (9:30)
帝后送女之辭

　　皇后賜給王昭君禮物，要她照顧好自己。皇帝則親自叮囑王昭君，此去匈奴要好好維護漢朝和匈奴得來不易的和平，為漢匈之間的和平相處多多出力。

> ⟪ **漢匈和親的原因** ⟫
>
> 西漢初年，漢朝以與匈奴和親的方式來換取寶貴的和平。漢武帝時，漢朝實力越來越強大，開始對匈奴進行連年的戰爭打擊，再加上匈奴的內部分裂，實力大幅度削弱，漢元帝時期的和親是南匈奴主動向漢朝提出的，為的是尋求漢朝的庇護。

> ⟪ **婚宴** ⟫
>
> 秦漢時期人們結婚的習俗沿襲了周禮，講究婚禮不賀。直到漢宣帝時，才由皇帝取消了婚禮不賀的規定。從此，婚嫁之日，人們相互祝賀，飲酒歡笑，言行無忌。如西漢楊暉就在婚宴上「拂衣而喜……頓足起舞」。

午初二刻 (11:30)
單于很開心

　　漢元帝為呼韓邪單于和王昭君舉行了盛大的婚禮。婚禮中皇帝親自將王昭君託付給單于，單于見到王昭君十分欣喜，沒想到娶了一個這樣的絕世美人。

申正二刻 (16:30)
辭行

婚宴後，王昭君和呼韓邪單于一起向漢元帝辭行。

酉初二刻 (17:30)
送別

漢元帝送別王昭君和呼韓邪單于，他心中縱然對王昭君萬般不捨，卻也只能眼見著王昭君跟著呼韓邪單于回匈奴。

昭君出塞的影響

王昭君到匈奴後積極促進匈奴和漢朝的交流，漢朝和匈奴的政治、商貿交往一直正常進行，雙方幾十年間沒有發生過戰爭，人們生活安居樂業。和親使匈奴受到漢文化的影響，也加速了民族之間的融合。

≪ 歷史的見證 ≫

1954 年在包頭漢墓出土的「單于和親」、「千秋萬歲」、「長樂未央」等瓦當殘片便是「昭君出塞」這一段歷史的見證。

≪ 落雁 ≫

相傳王昭君在出塞的路上彈起琵琶，南飛的大雁聽到琴聲，看到這個美麗女子，忘記扇動翅膀，跌落在地上。從此，王昭君就得來「落雁」的美名。形容美貌的成語「沉魚落雁」中的「落雁」就源於此處。

比較寬容的漢朝婚姻

漢朝婚姻觀念比較開明，貴族與平民結婚的案例也不少，例如，漢武帝的皇后衛子夫原是平陽公主的家奴，而漢成帝的皇后趙飛燕原本是長樂宮的宮女。除了不介意女方的出身之外，漢朝社會對再娶、再嫁也比較寬容，夫妻之間擁有相對平等的地位，女方擁有離婚權和改嫁權。在締結婚姻時，父母也會相應地徵求女兒的意願。

漢朝婚姻中的六禮

納采： 男方向女方求婚，以雁等為贄見禮物（見面禮）。

問名： 納采後，問得女方之名，以便預測吉凶如何。

納吉： 問名之後，男方派專人把預測的好結果告訴女方。

納徵： 男方再派專人給女方送聘禮。

請期： 男方擇定成婚吉日，並徵求女方的同意。

迎親： 新郎攜親人前往迎娶新婦。

難以描摹的王昭君

也許皇帝錯怪了毛延壽

王安石在《明妃曲二首‧其一》中寫道，「歸來卻怪丹青手，入眼平生幾曾有。意態由來畫不成，當時枉殺毛延壽」。王安石說王昭君的美是畫筆難以描摹的，漢元帝把毛延壽殺了實在是冤枉了毛延壽。

《西京雜記》這樣說

漢元帝因為後宮佳麗太多，於是讓畫師畫像，然後按畫像傳召。宮女們都送錢給畫師，讓畫師把自己畫得美一點。王昭君不願意這樣做，所以畫師沒有把王昭君的美貌如實畫出來。因此，王昭君一直沒有得到皇帝的寵幸。昭君出塞後，漢元帝一怒之下，把相關的畫師都殺掉了。被殺的畫師中就有畫像畫得最好的毛延壽。

毛延壽

拖出去斬了！

陛下饒命啊……

王昭君的一天

13

平陽公主的一天

平陽公主是唐高祖李淵的第三個女兒，與唐太宗李世民同母。她是中國歷史上第一位為自己父親建立帝業做出貢獻、立下軍功的公主，是一位巾幗英雄。隋朝末年，為響應父親起義，她在長安附近招降士兵七萬人，曾攻下周至縣、武功、始平等地，威震關中。

稟公主，城外二十里發現軍隊蹤跡！

卯正二刻 (6:30)
公主起床了

平陽公主一大早就起床了，梳洗完畢後，侍女急忙上前給公主呈上擦手巾。

辰正一刻 (8:15)
城外發現軍隊

軍中的探子來報，在城外發現一支軍隊，有數千人。

辰正 (8:00)
公主的手下很能幹

公主派何潘仁攻下鄠縣之後，聽說群盜李仲文、向善志、丘師利等在附近山上盤踞，又派馬三寶去遊說他們歸順李家。

三寶去了多久了？

去了大半天了，公主不必擔心，三寶口才很厲害的。

陌刀

唐朝長柄刀的一種，又稱斬馬劍。它殺傷力驚人。陌刀有多個種類，外形像劍，兩面開刃，是一種特殊的刀，能斬騎兵之馬。

馬三寶

平陽公主家僮，因為立過很多戰功被封為新興縣公，左驍衛大將軍。唐高祖曾將他和漢代名將衛青相提並論。

巳正二刻 (10:30)
想必是三寶回來了

如果隋朝官兵來攻城，形勢就很危急了。城中的平陽公主手下只有不到千人，大家七嘴八舌地議論起來。

平陽公主仔細分析後，認為長安官兵腐敗無能，不可能反應這麼迅速，趁鄠縣空虛調集大軍來討伐。因此城外的軍隊應該是馬三寶率領的。

巳正三刻 (10:45)
多煮點飯

平陽公主鎮定自若，命令伙夫做飯，準備迎接馬三寶帶領軍隊歸來。

午初 (11:00)
登城查看軍情

平陽公主來到城牆上瞭望城外，觀察軍情。

午正 (12:00)
看不清

　　一支軍隊正向鄠縣方向靠近，因為距離遠，公主看不清隊伍的旗幟，但是公主堅信自己的判斷，是馬三寶回來了。

未初 (13:00)
果然是三寶回來了

　　軍隊走近之後，城牆上的人終於看清了軍隊的領頭人，正是馬三寶。

　　馬三寶勸降了李仲文、向善志、丘師利等盜匪頭目，他們帶領部下數千人投奔平陽公主，平陽公主統領的起義軍隊伍越來越大。

巾幗英雄李娘子

　　平陽公主率軍打下了長安附近很多地方。隋朝的京師留守多次派遣軍隊來討伐平陽公主，每次都被公主派馬三寶、何潘仁率領軍隊擊退了。後來公主帶領精兵一萬人與秦王李世民的軍隊在渭北會合，一起包圍長安城。攻下長安城後，唐高祖李淵正式封她為平陽公主。

　　623 年，平陽公主去世，唐高祖下令以軍禮安葬公主。她是唐朝第一位死後有諡號的公主，諡號為「昭」。因此，後世又稱其為「平陽昭公主」。她也是中國歷史上，唯一一個由軍隊為她舉殯的女子。

文成公主的一天

641年，唐太宗將文成公主下嫁給吐蕃贊普（即國王）松贊干布，文成公主在唐送親使江夏郡王李道宗和吐蕃迎親專使祿東贊的陪伴下，前往吐蕃。文成公主一行從長安出發，途經西寧，翻過日月山……長途跋涉，即將到達邏些（今拉薩）。

大家旅途勞頓，今天多做點吃的慰勞大家。

贊普會是什麼樣子呢？

一定長得高大又帥氣。

主要以小麥粉為原料，採用捏製或模具壓製而成。

唐朝人所用的食器，在陝西省西安市何家村出土，現藏於陝西歷史博物館。

今天有公主最喜歡吃的糕點。

辰初 (7:00)
梳妝

　　文成公主早早地起床梳洗。今天即將見到贊普松贊干布，公主的心情有點激動。

辰初一刻 (7:15)
吃早飯

　　公主的早飯，食物主要是餃子，花樣糕、餅、麵條等，十分豐盛。雖然是在去吐蕃的路上，但公主的早餐還是非常講究。

贊普早餐會吃什麼呢？

贊普會覺得我的字寫得好嗎？

贊普應該非常喜歡。

辰初二刻 (7:30)
寫「文案」

　　文成公主為入藏做了許多功課，她一路上對唐朝的書籍進行分類整理，還書寫許多材料宣傳大唐的風俗。

唐朝女子有文化

　　唐朝社會風氣開放，上至貴族下至平民，女性都有讀書、寫詩的風氣，女子受教育範圍廣。這個時期出現許多女詩人、女書畫家。唐朝的女子甚至還能參與體育運動，如蹴鞠（踢球）、拔河、盪鞦韆、游泳。

文成公主使用的毛筆為紫毫宣筆，是唐朝最受歡迎的毛筆。

唐朝已經出現「鎮紙」這種物件，用來防止桌上的紙被風吹走或者捲亂。鎮紙的外形以動物形狀居多，最常見的為獅形鎮。

唐朝流行的硯臺之一，形狀像個畚箕，底部傾斜，便於匯聚磨出的墨汁。

辰正 (8:00)
做女紅

文成公主拿起繡花針為贊普縫製香囊。

辰正二刻 (8:30)
請教祿東贊

文成公主與祿東贊聊天，文成公主很好奇吐蕃的風土人情，並向祿東贊請教吐蕃的禮儀。

文成公主　祿東贊

唐太宗

申初二刻 (15:30)
翻越雪山

從長安到吐蕃路途遙遠而且處處艱險，人們既要經歷風霜雨雪，又要戰勝高原反應（高山症），可是文成公主堅持了下來。翻過雪山後，他們就到達了吐蕃境內。

戌初二刻 (19:30)
舉辦篝火晚會

　　抵達河源後的晚上，吐蕃贊普松贊干布設宴款待送文成公主入藏的使團。兩地大臣們席地而坐，舉杯同飲。侍女們則圍著篝ᵍ火翩翩起舞。

糌ㄗㄢ粑ㄅㄚ	青稞酒	酥油茶的製作方法
將青稞晾乾炒熟後磨成麵粉，食用時用少量的酥油茶、奶渣、糖等攪拌均勻，用手捏成團即可。	由青藏高原出產的一種主要糧食──青稞釀製成的，是藏區人民最喜歡喝的酒，逢年過節、結婚、生子、迎送親友，必不可少。	先將適量酥油放入特製的桶中，佐以食鹽，再注入熬煮的濃茶汁，用木柄反覆搗拌，使酥油與茶汁混合，呈乳狀即成。酥油茶有禦寒、提神醒腦、生津止渴的作用。

釀製葡萄酒

據說唐太宗從高昌國獲得馬乳葡萄酒和葡萄酒製作方法後，不僅在皇宮御苑大種葡萄，還親自參與葡萄酒的釀製。文成公主把釀酒技術也帶到了吐蕃。

建寺廟

小昭寺的建立和文成公主與松贊干布的聯姻有著密切的關係，文成公主篤信佛教，在拉薩營造了小昭寺。

種植新品種農作物

文成公主進藏時帶了許多農作物種子，對吐蕃的農業發展影響深遠。

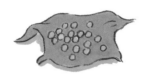

紡絲線

絲織業在唐朝已非常發達，文成公主將絲織技術帶到吐蕃，帶動了吐蕃的紡織業發展。

真神奇！

製陶

文成公主進藏時帶了大批的工匠，這些工匠為吐蕃的手工業引進技術，比如文成公主讓陶匠將製陶技術教給吐蕃人民。

太平公主的一天

713年，太平公主預謀兵變廢掉唐玄宗李隆基。事情洩密後，唐玄宗先發制人，派將軍王毛仲迅速剷除太平公主黨羽。聽聞事變後，太平公主本人逃入山寺，後被唐玄宗賜死。

卯初 (5:00)
整夜沒睡的公主

太平公主昨晚整夜沒睡好，起床時愁眉緊鎖。她無論如何也沒想到曾經堂堂的鎮國太平公主會落魄至此。

卯初二刻 (5:30)
梳洗

侍女端來水準備為公主梳洗，太平公主看著鏡子中的自己，心裡很不是滋味，究竟是誰將兵變的消息報告給皇帝的？她左思右想，一直沒理出頭緒來。

《 嵌藍白琉璃寶珠金釧 》

公主首飾盒裡的金釧非常華麗，上面鑲嵌的寶珠為琉璃，在當時相當珍貴。

《 鎏金摩羯紋銀釵 》

它的工藝細緻精巧，在花紋圖案中又融入了佛教信仰的文化內涵。

卯正 (6:00)
無心吃飯

侍女端來了簡單的飯菜，請公主吃早飯，但公主實在沒有什麼食欲。她實在想不通究竟是哪個環節出了問題。錢，太平公主富可敵國；人，七個宰相有五個是她的人；兵，左、右羽林大將軍都聽她號令。她怎麼會一敗塗地？

卯正三刻 (6:45)
坐立難安

　　侍從們都在竊竊私語，擔心自己將來的命運。
太平公主聽到後，有一種樹倒猢猻散的感覺。

辰初一刻 (7:15)
人心動盪

　　太平公主反覆思考，還是找不出一個絕地求生、反敗為勝的方法，
於是便找來親信大臣商議。結果，他們都勸太平公主向唐玄宗自首，
或許還可以保全性命。聽到這樣的意見，公主氣得把茶碗摔到了牆上。

辰初三刻 (7:45)
越想越氣

　　太平公主把自己關在房間，心亂如麻，不
由得想起了她參與政事以來的許多往事。

唐隆政變

710 年，唐中宗李顯去世後，李重茂即位，年號為唐隆，韋太后臨朝稱制，忌憚相王李旦威望重、地位高，想要謀害他。太平公主派兒子薛崇簡與李旦之子李隆基一起誅殺韋太后，擁立李旦登上皇位。太平公主因此加至萬戶封地，權勢達到頂峰。

韋后謀逆！罪該萬死！

韋皇后

哼！

姑姪鬥法

李隆基英明果斷，太平公主忌憚他，想要扶持一個容易操控的人取代李隆基擔任太子，但未得逞。李隆基即皇帝位後，太平公主並不甘心，拉攏僕射竇懷貞、中書令蕭至忠、左羽林大將軍常元楷等人謀逆，試圖廢掉李隆基的皇帝之位。李隆基先發制人，迅速除掉了太平公主的親信和黨羽，而太平公主只能倉皇逃離京城。

太平公主想造反……

嗯！咱們要先下手為強。

罷了！罷了！

未正三刻 (14:45)
走投無路

太平公主思前想後，儘管心有不甘，可是她心裡很清楚，大勢已去，自己已到窮途末路，不可能有什麼機會翻盤了。

公主，您真的要回長安嗎？

我心意已決！回長安！

申初三刻 (15:45)
準備回長安

普天之下莫非王土，逃到哪裡都沒用，太平公主決定回長安。她不要做喪家之犬，哪怕是死也要死得有尊嚴。

唐朝公主權力大

在唐朝，公主參與政事的情況比其他朝代的都多，她們還可以自己開府任命官員。706 年，唐中宗下詔，太平公主、長寧公主、安樂公主、宜城公主、新郡公主、定安公主、金城公主都設立公主府，任用官屬。710 年，唐隆政變後，這項制度撤銷。

公主也愁嫁

皇帝的千金居然會嫁不出去！聽起來似乎有點不可思議，但在唐朝這樣的事情還真是多。

唐玄宗想將公主嫁給他的外孫王潛，成就王潛他們家三代都娶公主為妻的美名，但王潛拒絕了。

唐憲宗欣賞翰林學士獨孤郁的才華，獨孤郁是前宰相權德輿的女婿，唐憲宗感嘆道：「權德輿能找到這樣的女婿，我怎麼找不到！」

唐宣宗給女兒萬壽公主物色夫婿，白敏中推薦了鄭顥，鄭顥因此對白敏中十分痛恨。後來，有一次鄭顥的弟弟得了重病，而萬壽公主去慈恩寺看戲，卻不去探望。唐宣宗知道後勃然大怒說：「難怪士大夫家都不肯與我家結親！」

次日 | 午初二刻 (11:30)
太上皇說情也不行

回到宮裡，太平公主派人向她哥哥太上皇李旦求救，請他去向皇帝說情。太上皇百般勸說，唐玄宗就是不為所動，他想擺脫姑母在朝廷上的掣肘，樹立自己身為皇帝的權威。這是一個除去政敵的機會。

> 我真不甘心啊……

午正二刻 (12:30)
逃不開的命運

最終，唐玄宗將太平公主和她的兒子們賜死。但是參與唐隆政變的薛崇簡（太平公主和前夫薛紹的兒子）倖免。

> 朕意已決，賜死！

> 哥哥，救救我吧……

長平公主的一天

1644 年，明崇禎十七年，大明王朝走到了末路。崇禎皇帝雖然勤政，但是他無力挽回大勢已傾、積習難挽、內憂外患不斷的大明王朝，李自成率領由農民組成的軍隊來到北京城下，正在進攻外城。崇禎皇帝的女兒長平公主望著遠處的硝煙，不知道自己的命運將會怎樣。

救命呀！

賊人快打進來了，父皇在哪？

公主，快逃吧！

長平公主

李自成下令攻城

崇禎年間，陝北連年饑荒，農民紛紛暴動，李自成率軍打到了北京城。他們已經攻下昌平，正在進攻外城。李自成親自在彰義門（今廣安門）外駐紮，下令軍隊攻城。

李自成

陝西米脂人，明末民變首領，1644 年在西安稱帝，建立了大順政權。同年三月，滅亡了明朝，卻很快敗給清軍。

> 大事不好了，叛軍打到城下了！

巳初 (9:00)
敵人打進來啦

　　侍女跑進來告訴長平公主，敵軍已經打進北京城了。長平公主聽了，十分不安。

巳初二刻 (9:30)
皇帝下令嬪妃殉國

　　長平公主急忙去找她的父皇崇禎皇帝，卻看到皇帝在命令嬪妃們自盡，以免她們受到亂軍的凌辱。他還親手砍傷了幾個后妃。有的妃子已經喝毒酒自盡了。躲在門外的長平公主害怕極了。

> 母后呢？我要去找母后！

> 快喝！

> 我不想死啊！

巳正 (10:00)
我們怎麼辦

　　長平公主趕到坤寧宮向周皇后求救，有太監急急忙忙跑來告知大家快快逃離皇宮。

巳正一刻 (10:15)
趕緊收拾東西

　　整個後宮亂成一團，宮裡的人從來沒有想到會有這樣一天，只能倉促地打包隨身財物。

午初 (11:00)
皇帝來了

　　崇禎皇帝提劍走進房內，告訴周皇后，賊人已攻下彰義門，催促皇后自盡。周皇后明白了，默默進了內室懸樑自盡了。

午初二刻 (11:30)
何苦生在帝王家

崇禎皇帝揮劍砍向長平公主，出於本能，公主用左手來擋崇禎皇帝揮下的利劍，這一劍砍斷了公主左臂。她尖叫著倒在血泊裡，昏了過去。

午初三刻 (11:45)
絕望

望著倒在血泊中的長平公主，崇禎皇帝因悲痛萬分而渾身顫抖，沒有再刺下去。

酉正一刻 (18:15)
逃離皇宮

在太監和侍女的幫助下，長平公主逃離了皇宮。

戌正 (20:00)
大難不死

昏迷的長平公主被太監和侍女們送到她外祖父周奎的府上。在經歷了五天的失臂之痛後，長平公主才醒過來。

命運多舛的長平公主

崇禎皇帝將長平公主許配給都尉周世顯，然而婚事卻因農民起義而暫停。1645 年（清順治二年），為了籠絡人心，順治皇帝下令以公主規格將長平公主嫁與周世顯。第二年，公主病逝。

次日｜卯初 (5:00)
起義軍攻下皇城

李自成的起義軍攻下皇城，崇禎皇帝敲鐘召集百官，卻無一人前來。崇禎皇帝絕望之餘，帶著親信太監王承恩登上了煤山。

皇上啊……

卯初三刻 (5:45)
皇帝自縊

絕望的崇禎皇帝跟跟蹌蹌地爬上煤山，留下了「朕死無面目見祖宗，自去冠冕，以髮覆面。任賊分裂，無傷百姓一人」的遺言，然後自縊於山上。

給我把皇帝拿下！

罪槐

崇禎皇帝縊死於煤山（今北京市景山公園內）東麓一株老槐樹上。清軍入關後，為籠絡人心，將此槐樹稱為「罪槐」，用鐵鏈鎖住，並規定清朝皇族成員路過此地都要下馬步行。

古代計時方式

〖 古代十二時辰與現代 24 小時制對照圖 〗

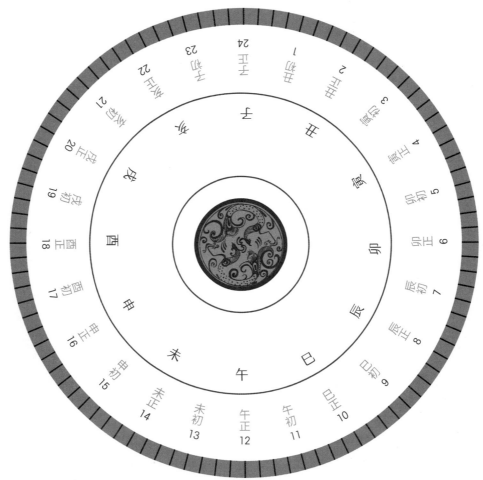

一刻等於十五分鐘

約西周之前，把一天分為一百刻，後來又改百刻為九十六刻、一百零八刻、一百二十刻。所以不同時代每個時辰對應的刻度可能會有差別。《隋書·天文志》中記載，隋朝冬至前後，子時為二刻，寅時、戌時為六刻，卯時和酉時為十三刻。到了清代，官方正式將一天定為九十六刻，一個時辰（兩個小時）分八刻，一小時為四刻，而一刻就是十五分鐘，一直沿用至今。

時辰的劃分

時辰是中國古代的計時方法。古人把一天分為十二個時辰，並用十二地支來表示時辰。如：子時 (23:00–1:00)、丑時 (1:00–3:00)，以此類推。到唐代以後，人們把一個時辰分為初、正兩部分，細化了時間劃分，方便了人們的生活。

晨鐘暮鼓

古代城市實行宵禁，定時開關城門，在有的朝代，早晨開城門時會敲鐘，晚上關城門的時候會擊鼓。鼓響了之後，在城內、城外的人都要及時回家，不然城門一關就回不了家了。

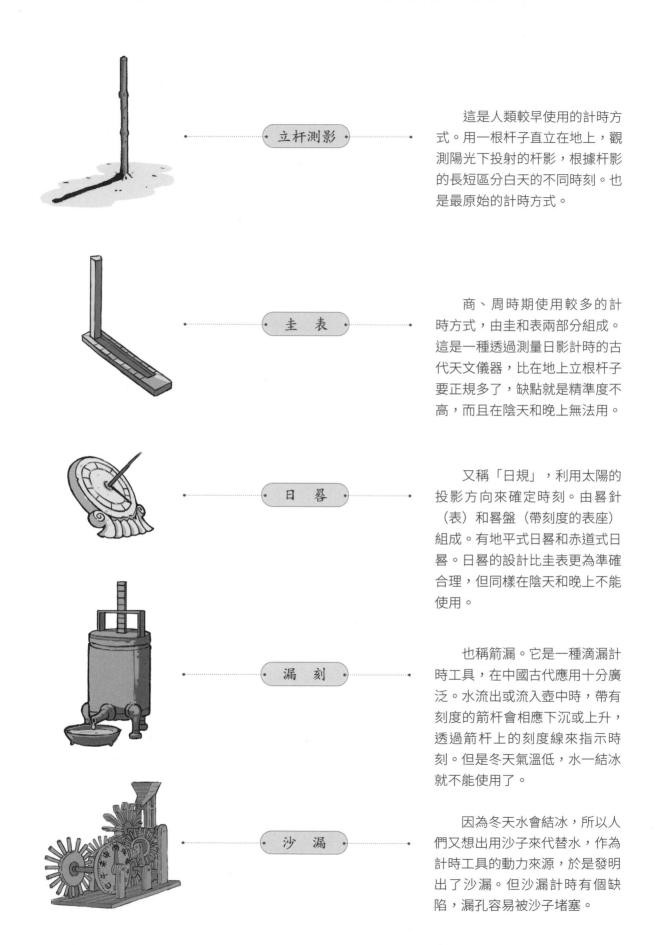

立杆測影

這是人類較早使用的計時方式。用一根杆子直立在地上，觀測陽光下投射的杆影，根據杆影的長短區分白天的不同時刻。也是最原始的計時方式。

圭 表

商、周時期使用較多的計時方式，由圭和表兩部分組成。這是一種透過測量日影計時的古代天文儀器，比在地上立根杆子要正規多了，缺點就是精準度不高，而且在陰天和晚上無法用。

日 晷

又稱「日規」，利用太陽的投影方向來確定時刻。由晷針（表）和晷盤（帶刻度的表座）組成。有地平式日晷和赤道式日晷。日晷的設計比圭表更為準確合理，但同樣在陰天和晚上不能使用。

漏 刻

也稱箭漏。它是一種滴漏計時工具，在中國古代應用十分廣泛。水流出或流入壺中時，帶有刻度的箭杆會相應下沉或上升，透過箭杆上的刻度線來指示時刻。但是冬天氣溫低，水一結冰就不能使用了。

沙 漏

因為冬天水會結冰，所以人們又想出用沙子來代替水，作為計時工具的動力來源，於是發明出了沙漏。但沙漏計時有個缺陷，漏孔容易被沙子堵塞。

世界各地的公主

荷蘭公主

英國公主

法國公主

馬利公主

印第安公主

馬雅公主

印加公主

俄羅斯公主

德國公主

朝鮮公主

中國公主

日本公主

印度公主

波斯公主

埃及公主

泰國公主

公主小知識

　　皇帝或者國王的女兒被稱為公主，除了中國有公主之外，世界各國都有公主，只是稱呼的方式不同而已。在古代歷史上，嚴格來說，朝鮮君主的女兒並不能稱為公主，因為朝鮮是中國的藩屬國，只能稱為翁主。

　　不同國家的公主社會地位也不同，例如英國和荷蘭的公主能夠繼承王位成為女王，而日本的公主婚後除了失去公主身分，成為平民外，還將失去皇室提供的津貼。

番外篇 公主是如何打扮的

梳頭

假髮　　　梳子

篦ㄅㄧˋ子　　　髮油

抹粉塗脂

笄ㄐㄧ　　　妝粉

面脂　　　胭脂

畫眉

花鈿ㄉㄧㄢˋ　　　唇脂　　　眉黛

戴首飾

耳墜

釵

步搖

簪花

穿衣服

衫

裙

大袖衫、披帛

高牆履

至此，公主的妝容完成啦！

公主的一天
參考書目

（漢）司馬遷，《史記》。

（漢）班固，《漢書》。

（漢）戴聖，《禮記》。

（南朝・宋）范曄，《後漢書》。

（後晉）劉昫等，《舊唐書》。

（宋）司馬光編撰，（元）胡三省音注，《資治通鑒》。

（宋）歐陽修、宋祁等，《新唐書》。

（宋）王溥，《唐會要》。

（宋）李昉等，《太平廣記》。

王其鈞，《古建築日讀》，中華書局。

沈從文，《中國古代服飾研究》，商務印書館。

劉永華，《中國古代軍戎服飾》，清華大學出版社。

劉永華，《中國歷代服飾集萃》，清華大學出版社。

劉永華，《中國古代車輿馬具》，清華大學出版社。

森林鹿，《唐朝穿越指南》，北京聯合出版公司。

森林鹿，《唐朝定居指南》，北京聯合出版公司。

鍾敬文，《中國民俗史・隋唐卷》，人民出版社。

李芽，《中國歷代女子妝容》，江蘇鳳凰文藝出版社。

李乾朗，《穿牆透壁：剖視中國經典古建築》，廣西師範大學出版社。

侯幼彬、李婉貞，《中國古代建築歷史圖說》，中國建築工業出版社。